DÉPARTEMENT DU RHONE

MONOGRAPHIE

DE

L'ASILE PUBLIC D'ALIÉNÉS

ÉLEVÉ A BRON

ÉTAT DESCRIPTIF

*Des Plans, Dessins et Photographies, envoyés à l'Exposition universelle de 1878
par le Conseil Général du département*

LYON

IMPRIMERIE ALF. LOUIS PERRIN ET MARINET

Rue d'Amboise, 6

1878

MONOGRAPHIE

DE

L'ASILE PUBLIC D'ALIÉNÉS

ÉLEVÉ A BRON

BIBLIOTHÈQUE NATIONALE / IMPRIMÉS

DÉPARTEMENT DU RHÔNE

MONOGRAPHIE

DE

L'ASILE PUBLIC D'ALIÉNÉS

ÉLEVÉ A BRON

ÉTAT DESCRIPTIF

Des Plans, Dessins et Photographies, envoyés à l'Exposition universelle de 1878

par le Conseil Général du département

DÉPOT LÉGAL
Rhône
1.91
1878

LYON

IMPRIMERIE ALF. LOUIS PERRIN ET MARINET

Rue d'Amboise, 6

1878

DÉPARTEMENT DU RHONE

MONOGRAPHIE

DE

L'ASILE PUBLIC D'ALIÉNÉS

élevé à Bron

ETAT DESCRIPTIF

Des Plans, Dessins et Photographies, envoyés à l'Exposition universelle de 1878
par le Conseil Général du Département

PREMIÈRE PARTIE

BATIMENTS EXÉCUTÉS

EXPOSÉ

Depuis bien des années déjà, l'administration départementale du Rhône était préoccupée de la nécessité de remplacer le vieil hospice de l'Antiquaille par un vaste Asile public, où les aliénés du département pussent être installés et traités selon les dispositions et les régimes que la science et l'humanité ont fait adopter, tant en France qu'en diverses autres parties de l'Europe.

Il ne fallait pas songer à s'établir sur l'emplacement agrandi de l'hospice de l'Antiquaille, lequel n'était pas propriété départementale, et qui, placé sur la colline de Fourvières et enserré par les maisons d'un quartier populeux, laissait les aliénés continuellement exposés à l'influence agitante du mouvement et des bruits de la ville.

Dans le courant de l'année 1866, l'architecte du département fut chargé de visiter diverses propriétés, dont la situation et l'étendue paraissaient convenir à l'établissement projeté, et à dresser des plans et devis en vue de la construction d'un asile pour douze cents aliénés.

M. l'inspecteur général, Dr Constans et M. le Dr Arthaud, médecin en chef du service des aliénés, pour le département du Rhône, fournirent le programme qui servit de base aux études de l'architecte, et dans la session d'août 1867, les plans, devis et autres pièces du projet dressés par ce dernier, furent présentés au Conseil général, revêtus de l'approbation du Conseil des bâtiments civils et du Ministre de l'intérieur.

Le devis s'élevait, pour la seule construction des bâtiments, à la somme de 4,140,000 fr., à laquelle il eût fallu ajouter plus tard environ 500,000 fr. pour distribution et écoulement des eaux, éclairage au gaz, agencements et mobilier, plantations, etc.... C'était donc une somme de 4,640,000 fr. qui, jointe à celle de 289,427 fr., valeur de l'acquisition des terrains proposés, constituait une dépense totale de 4,929,427 fr., à laquelle devaient s'élever un jour tous les frais pour l'établissement complet d'un Asile de douze cents aliénés.

En même temps qu'il était saisi de cette question, le Conseil général avait à se prononcer sur un crédit de 7,000,000, qui lui était demandé pour la création des chemins de fer départementaux, aussi prît-il, le 29 août 1867, la décision suivante :

« Considérant qu'un Asile pouvant contenir six cents lits « sera suffisant pour les besoins actuels (le surplus des aliénés « devait rester à l'Antiquaille), et que les ressources du dé- « partement lui interdisent d'une manière absolue la création

« d'un Asile de douze cents malades, ainsi qu'on l'avait pré-
« cédemment proposé..... M. le sénateur préfet du Rhône
« ..... est invité à faire faire les plans et devis pour la créa-
« tion d'un Asile de six cents aliénés, et à les soumettre, dans
« le plus bref délai, au Conseil... »

De nouvelles instructions furent données à l'architecte par M. l'inspecteur général Dr Constans. Le domaine des Tours, à Bron, accru par l'adjonction des terrains environnants, et présentant avec ceux-ci une superficie de trente-sept hectares, fut choisi pour l'établissement du nouvel Asile; de nouveaux plans furent dressés par l'architecte, adoptés par l'administration départementale et approuvés par le Ministre. Le devis, pour la seule construction des bâtiments, s'élevait à la somme de 2,770,000 fr., à laquelle devait se joindre, plus tard, le montant des divers devis à dresser ultérieurement pour la distribution des eaux, les agencements, le mobilier, les plantations, etc., etc.

Les travaux, mis en adjudication le 19 mars 1869, reçurent, un mois après, leur commencement d'exécution. Poussés activement d'abord, ils furent suspendus par des grèves d'ouvriers et par les tristes conséquences de nos désastres militaires. Repris au commencement de 1872, ils étaient assez avancés, en avril 1875, pour que l'administration pût installer dans le nouvel asile cent cinquante aliénés, qui furent occupés aux premiers travaux de terrassement. Dans le courant de l'année 1876 et au fur et à mesure de l'achèvement de chacun des bâtiments qui leur étaient destinés, on procéda à l'installation des aliénés de chaque sexe. C'est à cette époque que le Conseil général prit, au sujet du service des aliénés, une détermination importante. Il décida le transfèrement à Bron de tous les aliénés placés à l'hospice de l'Antiquaille, et l'agrandissement de cet Asile départemental.

Les bâtiments disposés à recevoir six cents et quelques

aliénés durent donc se prêter, en quelques mois, à recevoir une population de plus de mille malades ; ce résultat fut obtenu, sans entassement, grâce à l'ampleur qui avait présidé à l'établissement des services généraux, et en transformant en dortoirs provisoires des locaux destinés primitivement à servir d'ateliers et de magasins.

Les décisions relatives à l'agrandissement et à l'aménagement furent prises et exécutées sur l'avis d'une commission d'étude instituée par arrêt du 7 juin 1876, pour préparer le programme d'un projet d'agrandissement de l'Asile avec établissement de pensionnats (1). L'Asile de Bron renferme aujourd'hui mille aliénés des deux sexes.

DISPOSITIONS GÉNÉRALES

ET CLASSIFICATION DES QUARTIERS.

Une large avenue, plantée de quatre rangées de marronniers, conduit à la grille d'entrée de l'Asile, flanquée de deux pavillons de portiers.

Fonctionnaires et Employés. — De chaque côté de l'avenue prolongée au-delà de la grille, sont établies les habitations

(1) Cette commission, présidée par M. Terver, président du Conseil général, était composée de :

MM. Le docteur Arthaud, directeur et médecin en chef de l'Asile ;
Le docteur Chavannes, président du Conseil municipal de Lyon ;
Debolo, membre du Conseil général ;
Le docteur Dufour, médecin adjoint de l'Asile d'aliénés de Bron ;
Ferrer, membre du Conseil général ;
Feuga, membre du Conseil général ;
Le docteur Gailleton, membre du Conseil municipal de Lyon ;
Louvier, architecte du département ;
Million, membre du Conseil général ;
Le docteur Terver, président du Conseil général.

particulières des fonctionnaires ; c'est-à-dire la maison du Directeur ; vis-à-vis celle-ci, celle du médecin en chef ; celle du receveur-économe, vis-à-vis de celle du médecin adjoint, et celle des internes faisant face à celle du pharmacien. Ces habitations contiennent, au rez-de-chaussée, les salons, salle à manger, cuisine et cabinet des fonctionnaires, ainsi que les bureaux de leurs employés ; au premier étage, les chambres à coucher de la famille, et au-dessus les greniers avec chambres de domestiques.

L'étendue de chaque maison est proportionnée à l'importance du fonctionnaire, et chacune d'elle est entourée d'un jardin. Leurs entrées sont disposées de façon à ce que les personnes de la famille et les domestiques n'aient pas à se rencontrer à chaque instant avec les employés et les visiteurs se rendant dans les bureaux.

Deux habitations plus modestes sont établies derrière les pavillons de portier, et sont affectées au logement de quatre employés aux écritures et à la comptabilité.

Les fonctionnaires de tous ordres occupent donc, comme on le voit, un vaste emplacement subdivisé en jardins et placé en dehors du groupe principal des bâtiments occupés par les aliénés.

Chapelle. — A l'extrémité de l'avenue se présente la chapelle dont l'accès est également facile aux aliénés de chaque sexe et aux familles des fonctionnaires. En la plaçant à l'entrée de l'Asile proprement dit, l'architecte a pensé qu'il serait peut-être salutaire et certainement consolant pour les malheureux qu'on amène, comme pour les familles attristées, de se sentir dès l'abord placés sous l'égide de Celui qui seul peut donner la résignation et consoler toutes les douleurs.

La chapelle forme une croix grecque, dont deux bras plus allongés que les autres sont les nefs principales occupées, l'une par les hommes, l'autre par les femmes. Les autres bras sont destinés, celui en avant aux employés de tout grade et à leur famille, celui en arrière à la chapelle particulière des sœurs, avec autel à la Vierge. Au centre de la croix est placé le sanctuaire, avec autel principal vu des quatre nefs, et assez élevé pour former obstacle aux communications visuelles entre les hommes et les femmes. — Dans les pans coupés de la partie centrale, on a ménagé des espaces réservés aux aliénés turbulents ou grimaçants qui pourraient déranger ou agiter leurs camarades, troubler le service divin, et qu'on ne voudrait cependant pas priver de sa salutaire influence. Une sacristie, un passage et un dépôt sont ménagés derrière la chapelle de la Vierge.

De chaque côté de la chapelle sont établis les pavillons et galeries d'entrée, à droite, du quartier des hommes, à gauche, du quartier des femmes. De vastes parloirs sont ménagés près des pavillons des concierges.

Derrière la chapelle s'étend une vaste cour entourée de galeries couvertes et séparant le quartier des hommes de celui des femmes ; c'est dans cette cour que sont établis les bâtiments communs aux deux quartiers : celui des services généraux et celui des bains et de l'hydrothérapie, dans lesquels les aliénés et les employés peuvent se rendre à couvert pour y chercher les aliments, les médicaments et les divers objets de vêtement et linge dont ils peuvent avoir besoin.

A cet effet deux galeries intérieures, une pour chaque sexe, aboutissent à deux salles de distribution, sur chaque face desquelles sont ménagés de larges guichets ouvrant, l'un sur la cuisine, les autres sur la pharmacie, la paneterie et le monte-charge de la lingerie. Ce monte-charge, établi dans le passage conduisant à la cuisine, met en communication les lingeries et vestiaires, établis au 2me étage, avec les guichets de distribution dont nous venons de parler.

La cuisine n'est point enclavée dans le bâtiment, mais entièrement saillante au dehors, de façon à ne point incommoder les services et les logements par les émanations, les vapeurs et la chaleur qui se dégagent toujours des fourneaux et des préparations culinaires. Elle est accompagnée de vastes locaux, bien aérés, pour laverie, éplucherie, boucherie, etc... Les dépôts pour les salaisons, le beurre, les graisses, les denrées pharmaceutiques, etc., sont ménagés dans des caves situées au-dessous de ce bâtiment et auxquelles on descend par un escalier aboutissant à la cuisine.

Depuis l'érection de l'Asile, diverses modifications ont été apportées aux distributions du bâtiment D des services généraux. Le service de la pharmacie y a été agrandi par l'adjonction de deux laboratoires et de deux cabinets médicaux; le reste du rez-de-chaussée est occupé par la paneterie, le réfectoire des sœurs et des employés, un magasin pour l'économat, des archives et une salle de réunion pour la commission de surveillance.

Des hangars pour le combustible et divers objets du matériel sont disposés autour des quatre petites cours de service.

Tout le premier étage de ce bâtiment est affecté, moitié au logement de la communauté, c'est-à-dire des sœurs chargées de la surveillance des femmes; l'autre moitié était primitivement destinée au logement des gardiens; mais ces derniers étant astreints à coucher dans les quartiers d'aliénés, les locaux qui leur étaient destinés ont pu être convertis, soit en dortoirs exceptionnels, soit en magasins d'approvisionnement.

Tout le second étage est consacré aux lingeries, vestiaires, ateliers de couture et de taillerie, pour l'un et l'autre sexe.

Nous avons vu que la cuisine occupait une sorte de pavillon se reliant par un passage vitré au bâtiment des services généraux; un pavillon semblable s'élève à la suite du premier; c'est là que sont établis le puits principal, les pompes et les machines qui fournissent l'eau et la vapeur à l'établissement.

Bains et Douches. — Au-delà de ce pavillon dit des Machines, s'étend le quartier des Bains (bâtiment E), dans lequel sont réunis tout ce qu'on peut demander à la balnéation et à l'hydrothérapie. Les locaux affectés à chaque sexe, bien que réunis dans le même bâtiment en vue de l'unité du service, sont pourtant séparés d'une manière absolue par le pavillon central, dans le haut duquel sont établis les réservoirs d'eau chaude et d'eau froide.

Le sol des salles de bains est recouvert sur toute sa surface d'un caillebottis ou parquet à jour en bois de chêne, au-dessous duquel s'étend un sol en ciment dont les pentes prononcées laissent s'écouler dans l'égout central les eaux de vidange des bains. Ce parquet à jour évite aux pieds des malades sortant du bain l'impression froide et dangereuse d'un dallage, et il laisse en même temps s'écouler facilement les eaux rejaillissant des baignoires. Toute la tuyauterie amenant les eaux chaudes et froides dans les baignoires, s'étend sous ce parquet, et il est facile d'y faire les travaux d'entretien, car les caillebottis s'enlèvent et se replacent à volonté sur tous les points.

Tout a été prévu dans chaque quartier pour rendre le service balnéaire et hydrothérapique aussi complet que possible : salles de bains ordinaires, salle de bains de pied, de bains sulfureux, aromatisés; douches de toute nature, chambres de repos, cabinets de bains pour les fonctionnaires, etc... Mais une chose importante manque encore à ce quartier, c'est le chauffage de tous ces locaux pendant l'hiver. On avait compté sur la vapeur de la chaudière pour atteindre ce but;

mais on a déjà tant demandé à cette chaudière pour le service des pompes, de la cuisine et des réservoirs d'eau chaude,
qu'on a dû placer provisoirement des poêles dans les grandes
salles, en attendant que l'on établisse un petit appareil pour
chauffer toutes ces salles par la circulation de vapeur.

Salle de réunion et bibliothèques. — Derrière le bâtiment des
bains est placée la grande salle de réunion pouvant contenir
environ 400 aliénés des deux sexes, assez valides pour assister
aux séances musicales ou autres, qui y seraient données, pour
opérer sur eux une salutaire distraction.

Une tribune placée au-dessus du vestibule et une entrée
particulière seraient réservées aux fonctionnaires. Cette salle
se rattache aux divers quartiers par des galeries couvertes.

A droite et à gauche de la salle des réunions, et sur le
côté de la cour, sont placés deux bâtiments contenant
chacun une grande salle de lecture et deux petites salles
d'étude.

Nous ferons observer, toutefois, que l'érection de la salle
de réunion et des bibliothèques n'étant pas d'une nécessité
aussi absolue que celle des autres bâtiments de l'Asile, cette
érection a été ajournée.

***

QUARTIER DES HOMMES ET QUARTIER DES FEMMES.

On a vu que les bâtiments dont les dispositions viennent
d'être détaillées, et qui, à l'exception des bibliothèques,
sont communs aux deux sexes, ont été placés à l'intérieur
d'une vaste cour centrale ; c'est à gauche et à droite de celle-
ci que s'étend, d'un côté le quartier des hommes, de l'autre le
quartier des femmes.

Il a été admis que la différence numérique, entre les popu-
lations des deux sexes, n'était pas assez importante pour

donner aux bâtiments qui leur étaient destinés une étendue ou une forme différentes. Ils ont donc été disposés d'une manière tout à fait identique, et ce qui sera dit d'un quartier peut s'appliquer à l'autre en ce qui touche les dispositions générales, car il est bien entendu que les aménagements et une partie des agencements intérieurs ont varié suivant les besoins, les règlements, les occupations et le traitement spéciaux à chaque sexe.

C'est autour de deux vastes cours plantées d'arbres et d'arbustes qu'ont été groupés les bâtiments affectés aux différentes catégories de malades de chaque sexe. Ces bâtiments sont reliés entre eux par des galeries qui permettent aux aliénés de se rendre à couvert aux salles de distribution, à la chapelle, aux parloirs, aux bains, etc., et aux fonctionnaires et employés de pouvoir parcourir tous les quartiers sans être exposés aux intempéries.

Aliénés tranquilles au nombre de 50, et semi-tranquilles au nombre de 50. — Le bâtiment le plus rapproché des parloirs est divisé en deux parties complètement symétriques et affecté à deux catégories de malades : les tranquilles et les semi-tranquilles.

Au rez-de-chaussée sont disposés, pour chaque section, un chauffoir, un réfectoire et sa relaverie pour la vaisselle, un lavabo et deux cabinets de dépôt. Les lavabos sont formés de longues auges en pierre polie, d'un blanc jaunâtre, fixés au mur et alimentés par des robinets en cuivre, correspondant à un nombre égal de places.

Les promenoirs couverts, juxtaposés au mur séparatif des deux catégories, aboutissent au chauffoir, et à l'extrémité opposée sont les cabinets d'aisance fermés par un portillon montant seulement à hauteur de ceinture. Ce préau, ainsi que tous les autres, est orné de plantations (ils le seront plus tard d'une fontaine) et s'ouvre sur la campagne dont il n'est séparé que par un saut de loup.

Ce bâtiment est élevé de deux étages qui contiennent 100 lits, répartis en quatre dortoirs et huit chambres d'isolement ; plus deux chambres de gardien à chaque étage.

Faibles et vieillards au nombre de 36. — A la suite, et dans une direction perpendiculaire à celle du bâtiment précédent, se trouve le quartier des faibles et vieillards, et des aliénés accidentellement malpropres. Il se compose, au rez-de-chaussée, d'un petit dortoir pour ces derniers avec leur chauffoir, leur réfectoire et une chambre de gardien ; d'un chauffoir et d'un réfectoire pour les faibles et les vieillards. Au premier étage sont deux dortoirs, trois chambres particulières et deux chambres de gardien.

Agitables au nombre de 32. — Dans la même direction que le bâtiment précédent auquel il fait pendant, le bâtiment des agitables est disposé de manière à peu près identique ; une porte pratiquée à l'extrémité du préau permet de conduire directement, dans le quartier des agités, ceux des agitables dont l'état exige la mise en cellule.

Convalescents au nombre de 50. — Situé de l'autre côté de la cour et en face du bâtiment des tranquilles, le bâtiment des convalescents est disposé semblablement à celui-ci, mais avec cette différence que, destiné à une population de 50 malades seulement, il n'a été élevé, pour le moment, que d'un étage au-dessus du rez-de-chaussée. En raison de sa destination, ce quartier est voisin de celui des infirmeries dont nous parlerons tout à l'heure.

Infirmeries et surveillance continue. — A l'extrémité du quartier des hommes se trouve placé le bâtiment affecté au double service de l'infirmerie et de la surveillance continue.

Comme il est contraire à l'hygiène de placer à rez-de-chaussée, sur un sol non voûté, des salles ou des chambres de malades, on avait destiné toute la partie centrale de ce rez-de-chaussée à des magasins, à un calorifère et à son dépôt de combustible ; mais par suite de la détermination prise, à la fin de 1876, de transférer à Bron tous les aliénés de l'Antiquaille, les locaux du rez-de-chaussée ont été agencés de manière à pouvoir les faire servir provisoirement de dortoir dans lesquels sont installés une soixantaine d'aliénés.

Dans les deux ailes sont établis, d'un côté le chauffoir, le réfectoire et le préau couvert des aliénés en surveillance continue ; et de l'autre des locaux semblables pour ceux des malades qui ne seraient pas complètement alités.

Au premier étage la partie centrale contient une petite salle d'infirmerie de 4 lits, 6 chambres particulières et un cabinet de bains.

L'aile communiquant avec la partie centrale contient deux salles principales d'infirmerie de neuf lits chacune et une double chambre de gardien avec tisannerie.

Les salles sont plus larges que les dortoirs des autres bâtiments ; il n'y a qu'un lit par trumeau et le cube d'air est d'environ 44 mètres par malade.

Dans l'aile opposée sont deux dortoirs de neuf lits avec leurs chambres de gardien pour les aliénés en surveillance continue.

Détaché de la cour centrale du quartier des hommes à laquelle il se relie néanmoins par une galerie, ce bâtiment est précédé et suivi de préaux plantés d'arbres et ornés de jardins, exposés, l'un à l'est, l'autre à l'ouest, et qui peuvent offrir aux malades des promenades abritées contre les rigueurs de l'hiver ou les ardeurs de l'été.

Agités en cellule. — Le quartier des agités en cellule est placé à l'extrémité de chacun des quartiers généraux d'hommes et de femmes ; il est disposé en arc de cercle de grand rayon, et la galerie qui s'étend au-devant des cellules est assez large pour pouvoir servir de promenoir couvert. Chaque cellule a une porte sur cette galerie , et sur la face opposée une porte ouvrant sur un petit préau découvert ou jardin commun à deux cellules. Chacune d'elles est éclairée par le plafond dans lequel est ménagé un châssis vitré s'ouvrant à la volonté du gardien et pouvant aussi se fermer à l'aide d'un volet glissant sur des coulisseaux, afin de plonger au besoin l'agité dans l'obscurité.

Un passage réservé sous la toiture des cellules permet aux gardiens de s'approcher de toutes ces ouvertures, de même qu'un guichet pratiqué dans la porte de chaque cellule facilite la surveillance des agités.

Les chambres de gardiens ont été placées à l'angle formé par la rencontre de la partie circulaire avec la partie droite de la galerie.

A l'entrée de celle-ci est placée une salle de douches et des cabinets de bains pour ceux des malades dont l'agitation extrême ne permettrait pas de les conduire jusqu'au quartier des bains et de l'hydrothérapie.

Les plans comportent des cabinets d'aisance à l'extrémité de chacun des préaux découverts; mais à l'exécution, M. le médecin en chef, directeur, fit remarquer avec raison que l'agité, renfermé dans sa cellule, ne pourrait se rendre à volonté au cabinet et que les cellules seraient chaque jour souillées de déjections si le malade ne trouvait pas un siége à portée. A cet effet on a renoncé aux latrines projetées au bout du préau et on a installé, à l'angle de chaque cellule, un siége en ciment et fonte émaillée recouvert en bois de chêne. Le tuyau de chute, aussi en fonte émaillée, conduit perpendiculairement les matières dans une petite tinette

BIBLIOTHÈQUE NATIONALE — R.F. — IMPRIMÉS

2

inodore et mobile placée dans l'excavation pratiquée sous chaque cellule, et d'où on l'extrait chaque jour, grâce au passage souterrain qui s'étend sous la galerie de surveillance.

Le mode de chauffage des cellules n'est pas encore arrêté, bien que différents systèmes aient été proposés ; il est probable, toutefois, que ce mode consistera dans un calorifère à air chaud.

Latrines et vidange. — Conformément aux instructions données à ce sujet, les cabinets d'aisance de chaque quartier, à l'exception des infirmeries et des quartiers d'agités en cellule, ont été placés en dehors des bâtiments et à l'extrémité des promenoirs couverts. Ils sont établis dans des pavillons construits sur les sauts de loup et disposés de façon que les tinettes recevant les matières peuvent être enlevées par les aliénés. Chaque siége est séparé du siége voisin par une haute dalle faisant cloison et sur laquelle sont ferrés les portillons dont nous avons déjà parlé.

Fermes et ateliers. — En raison des services spéciaux à chaque sexe, la ferme et les ateliers forment deux divisions bien distinctes dont les bâtiments sont séparés par une distance considérable.

Logement des travailleurs au nombre de 60. — Le bâtiment principal de la ferme des hommes est affecté au logement de 60 travailleurs ; il est élevé de deux étages, le second ne s'étendant que sur une partie du premier. Le rez-de-chaussée contient les chauffoirs, réfectoires, relaveries et lavabos ; dans les étages supérieurs sont les dortoirs, les chambres d'isolement et de gardien.

Boulangerie. — En face du bâtiment précédent on trouve la boulangerie et ses dépendances occupant le rez-de-chaussée ; les dépôts de grains et farines sont à l'étage supérieur.

Les locaux du rez-de-chaussée sont assez vastes pour qu'une minoterie puisse y être établie. Ce projet adopté en principe recevra certainement une prochaine exécution. Les fours fonctionnent d'une manière très-satisfaisante et, derrière ceux-ci, une pièce a été disposée pour utiliser leur chaleur à la dessication des légumes.

Ateliers. — Placés de chaque côté de l'entrée de la cour, les bâtiments destinés aux ateliers s'élèvent d'un rez-de-chaussée et d'un étage : L'un est plus spécialement affecté aux industries du bâtiment, et l'autre à celles du tissage, de la taillerie et de la cordonnerie.

Ecuries et remises. — Au fond de la cour, les plans indiquent une écurie pour cinq chevaux ; deux remises pour voitures, chars, herses, charrues, etc... et un dépôt avec chaudière pour la nourriture des porcs dont les têts devaient été placés près de là, dans une arrière-cour. Mais sur les propositions de M. le Dr Dufour, médecin-adjoint de l'Asile, membre de la commission d'étude, tous les locaux ci-dessus ont été transformés en ateliers supplémentaires, et il a été décidé que les écuries, remises, porcheries, etc., seraient établis postérieurement dans une grande ferme qui réunirait tout ce qui se rattache à l'exploitation agricole.

Logement des travailleuses, ou nombre de 60. — La seconde division de la ferme et des ateliers, celle occupée par les femmes comprend :

Un bâtiment d'habitation pour soixante travailleuses, disposé semblablement à celui des travailleurs.

La buanderie et les divers services. Ici encore on a dû suspendre l'exécution des travaux prévus. En effet, la population de l'Asile étant presque doublée et le Conseil général ayant émis le vœu que tous les services généraux de l'Asile fussent conçus en vue d'une population pouvant aller jusqu'à dix-huit cents malades, il devenait inutile d'établir au début une buanderie insuffisante, même pour le présent. Des plans et devis ont été dressés en vue d'un agrandissement considérable des locaux et de la fourniture d'appareils plus nombreux et plus puissants. Ce projet, approuvé en principe, n'a pas encore reçu son exécution et on a demandé qu'on établît, en attendant et s'il était possible, une buanderie provisoire.

Ateliers des femmes. — Les deux bâtiments destinés à ce service sont disposés semblablement à ceux des hommes et seront occupés par des ateliers de tissage, dévidage, tressage, triage, etc., distribués dans un rez-de-chaussée et au premier étage.

Vacherie. — Cette partie de la ferme comprend, d'après les plans, une étable pour dix à douze vaches, une infirmerie pour les vaches malades ou vêlant, une étable à veaux, une laiterie, une fromagerie, etc.; au-dessus s'étendraient de vastes fenils pour la paille et la luzerne : mais les mêmes motifs qui ont amené les modifications faites dans le quartier des hommes ont fait aussi transformer en ateliers les locaux destinés aux vacheries, et qui n'avaient reçu encore aucun agencement. Les vacherie, laiterie, étables, poulaillers, etc., seront donc installés dans la grande ferme projetée, et comme on ne saurait se passer de vaches, de porcs et d'animaux de basse-cour, tout cela a été logé provisoirement dans la vieille ferme du domaine.

Dépôt des morts et institut anatomique. — Placé dans l'axe principal de l'édifice et à l'extrémité de l'Etablissement, ce petit bâtiment s'ouvre à l'ouest par un porche donnant accès à la salle de dépôt placée au centre, à l'escalier, à la salle de dissection située au nord, et au laboratoire de chimie situé au sud.

La salle de dépôt, voûtée ainsi que le porche, est garnie à gauche et à droite de quatre étagères en pierre polie, incrustées dans les murs et destinées à supporter pareil nombre de cercueils. Deux de ces étagères sont légèrement creusées en auge, de manière à pouvoir arroser constamment d'eau froide des corps qu'il serait utile de conserver pendant quelques jours. Deux rideaux tendus sous les arcs doubleaux en avant des cercueils, peuvent laisser libre la partie centrale qui forme en quelque sorte une petite nef à l'extrémité de laquelle un autel est élevé dans une absidiole. C'est dans cette partie centrale que se disent les prières qui doivent précéder l'inhumation. L'aération de cette salle est assurée par les baies qui s'ouvrent sur ses parois et par une cheminée ventilatrice pratiquée dans la voûte.

La salle de dissection éclairée au nord par une double fenêtre communique directement avec le dépôt. Elle est garnie de deux tables, l'une en pierre polie, pivotant sur un pied central, l'autre en chêne recouverte de zinc. L'eau est distribuée, par un robinet, dans cette salle au-dessous de laquelle est ménagé un petit caveau qui permet de conserver un jour ou deux des pièces d'anatomie.

Le laboratoire de chimie situé à droite du porche est prêt à recevoir les appareils et les ustensiles qui vont être mis incessamment à la disposition des médecins et des internes de l'Établissement.

Au premier étage et directement au-dessus des salles précédentes sont établies, au nord la salle destinée aux recherches micrographiques, au sud la salle des collections qui attend les modèles et les ouvrages dont on la garnira peu à peu.

Un vestiaire, un dépôt et un cabinet d'aisances complètent les dispositions intérieures de l'édifice.

Enfin un petit campanile surmonté d'une croix est muni d'une cloche pour donner le signal des inhumations.

Service des eaux. — Bien que dépourvue complètement d'eau fluant à sa surface, le sol sur lequel est assis l'Asile, récèle à une profondeur moyenne de 30 mètres une nappe d'eau que l'on rencontre sur tous les points de l'immense plateau qui sépare la ville de Lyon du Rhône supérieur.

Cette première nappe avait paru suffisante pour alimenter à l'aide d'une pompe à vapeur les réservoirs qui ont été élevés dans le quartier des bains. Mais l'accroissement considérable de la population, la création des pensionnats et l'entretien du domaine ont fait bientôt reconnaître l'insuffisance de cette première nappe, et le Conseil général vient d'ouvrir un crédit pour le creusement d'un nouveau puits de 3 mètres de diamètre intérieur et d'environ 40 ^{m} de profondeur. On trouvera, en effet, à 6 mètres environ au-dessous de la nappe d'eau précitée le niveau même du Rhône, et par conséquent des eaux inépuisables, d'une excellente nature et filtrées au travers d'un banc de gravier de 5 kilomètres d'étendue. La machine motrice des pompes servira en même temps à mettre en mouvement les meules de la minoterie, de même que la vapeur pourra être utilisée à la boulangerie, dans le voisinage de laquelle doivent être établies pompes, machines et chaudières à vapeur.

Non loin de là, à une distance d'environ 180 mètres se trouve un mamelon assez étendu et dominant tout le domaine de l'Asile. Son acquisition demandée par l'architecte permettra d'établir là un réservoir souterrain, dans lequel on pourra tenir continuellement en réserve un approvisionnement de 2,000 mètres cubes d'eau constamment fraîche pendant l'été et à l'abri des gelées l'hiver. De là les eaux pourront être distribuées sur tous les points du domaine et jusqu'aux étages de tous les bâtiments. La buanderie agrandie, le service balnéaire et hydrothérapique des piscines, même pour les bains d'été pourront être ainsi assurés d'une large alimentation.

Eclairage et chauffage. — De nombreuses propositions se rattachant à divers systèmes d'éclairage ont été faites à l'Administration qui, après les avoir fait étudier, s'est décidée pour l'éclairage par le gaz fourni par l'une des grandes compagnies d'éclairage de la ville de Lyon. Cette compagnie prend à ses frais toute la canalisation jusqu'aux portes de l'Asile. Le Département se chargera des frais de canalisation, de tuyauterie et d'appareils à l'intérieur de l'Etablissement. Des devis dressés à cet effet et montant à 65,000 fr. ont été approuvés déjà par le Conseil général.

MODE DE CONSTRUCTION.

La plus grande partie des travaux de terrassement, à l'exception de ceux de creusement des fondations, devait être exécutée par les aliénés valides ; mais diverses causes n'ont pas permis d'attendre que ces derniers fussent installés à l'Asile, et une notable partie de ces travaux a dû être exécutée par un entrepreneur. Toutefois, les aliénés ont exécuté et exécuteront encore des terrassements qu'on peut évaluer à 200,000 mètres cubes.

Les murs des principaux bâtiments sont en maçonnerie de moellons avec un cordon en pierre de taille formant liaison à la hauteur de chaque plancher.

Les murs des préaux et des sauts de loup sont en pisé de mâchefer : on appelle ainsi des scories de houille pulvérisées et broyées avec de la chaux, puis damées entre des planches sur une épaisseur de 45 à 50 centimètres. Ce mode de construction économique et solide est fort répandu dans nos environs.

Les bâtiments des fermes dans la hauteur du premier étage, ainsi que les murs de clôture du domaine sont construits en pisé de terre sur soubassement en maçonnerie, ainsi que cela se pratique dans nos campagnes.

La pierre de taille n'est employée que pour les piliers, les jambages et les coiffages des ouvertures extérieures et des grandes baies intérieures, les seuils, les marches et les paliers d'escalier.

Les petites portes intérieures ont leurs jambages et leurs coiffages construits soit en moellons dressés, soit en grosses briques et recouverts d'un enduit au plâtre de Paris ou au ciment de Grenoble.

La pierre de taille est à parements unis à l'exception de quelques parties un peu moulurées soit dans la chapelle, soit dans les chapiteaux des piliers de galerie.

Nous tenons à aller au-devant d'une objection qui pourrait nous être faite (elle l'a déjà été d'ailleurs) sur la dépense considérable à laquelle il semble qu'a dû donner lieu l'emploi de piliers en pierre de taille pour les galeries, dépense qui, semblait-il aussi, eût été moindre si on eût remplacé ces piliers par des colonnettes de fonte. C'est le contraire qui est vrai. En effet les piliers en pierre de 3 mètres 20 c. de hauteur ont coûté, mis en place, 37 fr. l'un ; tandis que les colonnettes de fonte de même hauteur soutenant les toitures des promenoires couverts sont revenus à 60 fr. l'une.

Les angles des bâtiments et le bandeau supérieur placé sous la saillie des toitures, sont en moellons piqués. Quelques cordons de briques, ainsi qu'une frise en moellons bleus, sous la corniche de la chapelle, viennent rompre la blancheur uniforme des enduits en mêlant leurs couleurs vives à celles de la pierre et du bois des forgets.

Tous les planchers sont en bois de sapin, mode infiniment plus économique ici que l'emploi du fer. Il en est de même pour la charpente des toitures.

Toutes les couvertures des bâtiments sont en tuiles creuses, à l'exception du dôme de la chapelle, dont la couverture est en tuiles vernies rouges et noires, et des galeries qui sont couvertes en tuiles plates à crochet.

L'aire des réfectoires, des chauffoirs et de la presque totalité des pièces du rez-de-chaussée est en ciment, et en asphalte pour les galeries.

Les dortoirs, les chambres particulières et les cellules d'agités sont planchéiés en lames de chêne, et le bas des murs est garni de plinthes en ciment.

Les murs des diverses salles occupées par les aliénés sont badigeonnés à la chaux teintée de couleurs douces. La partie inférieure, qui est fréquemment salie par les aliénés, est peinte à l'huile sur une hauteur de 1^m 80 et peut être épongée au besoin.

Les croisées sont en bois de chêne avec croisillons en fer à vitrages assez forts pour faire office de barraudages sans en avoir l'aspect. Ces croisées se ferment à clé et peuvent sous cette même clé rester entr'ouvertes pour donner de l'air, sans que l'aliéné puisse passer par la fenêtre ouverte.

Toutes les portes extérieures, ainsi que celles principales à l'intérieur sont en bois de chêne; les petites portes de communication sont en sapin.

Le chauffage se fait partout à l'aide de poêles calorifères dits calorifères français, du système Geneste et Herscher, adopté pour le chauffage des salles d'asile et des écoles municipales de Paris.

FRAIS DE CONSTRUCTION.

Le devis qui a servi de base à l'adjudication des travaux pour une population de six cents aliénés s'élevait, déduction faite des rabais d'adjudication, à la somme de . . .fr. 2,270,908 88

Des modifications et agrandissements jugés nécessaires pendant le cours de travaux ont nécessité la production de nouveaux devis qui se sont élevés à la somme de 498,400 00

TOTAL : fr. 2,769,308 88

Ces travaux se sont subdivisés ainsi :

Maçonnerie et pierres de taille. 1,573,000 00
Charpente en bois. . 408,000 00
Charpente fer et serrurerie 127,000 00
Menuiserie 195,000 00
Plâtrerie, peinture et vitrerie 115,000 00
Asphaltes et ciments 107,100 00
Plomberie, ferblanterie, zinguerie 40,600 00
Puits, pompes et machines 44,000 00

2,609,700 00

Frais d'agence et de direction des travaux. . 130,485 00 } fr. 2,740,185 00

Différence : fr. 29,123 88

Il y a donc eu sur le montant des devis approuvés une économie de 29,123 fr. 88 c.

Nous venons de dire que les frais de construction des bâtiments de l'Asile, pour six cents aliénés, se sont élevés à la somme de . . . . fr. 2,740,185 00

Mais lorsqu'il s'est agi de porter la population de l'Asile à onze cents aliénés, des travaux supplémentaires ont dû être exécutés en toute hâte, tant pour créer de nouveaux dortoirs et de nouveaux réfectoires que pour augmenter les logements de fonctionnaires, le service médical, créer un institut anatomique, etc., ils se sont élevés à la somme approximative de . . .   178,000 00

La distribution des eaux, qui sont conduites dans tous les quartiers et tous les bâtiments de l'Asile, ainsi que dans les habitations de tous les fonctionnaires et leur écoulement jusqu'aux bassins d'arrosage et aux citernes, auront donné lieu, après leur achèvement, à une dépense de 136,000 00

Les appareils balnéaires et hydrothérapiques se sont élevés à 34,330 00

Les appareils de buanderie, dont l'exécution a été suspendue, doivent s'élever, suivant le marché passé avec l'adjudicataire, à 20,580 00

Les fours et leur outillage ont coûté . .   5,450 00

Les agencements intérieurs, les appareils de chauffage, les lits en fer avec sommiers en fer et cuivre, les appareils de vidange, les meubles de toute nature, la

A reporter. . .   3,114,545 00

Report. . . 3,114,545 00

vaisselle et la batterie de cuisine, le mobilier de la chapelle, ornements religieux,
vêtements sacerdotaux, etc., etc., se sont
élevés à environ 332,000 00

Total des dépenses pour l'érection des
bâtiments, leurs agencements, le mobilier
et l'organisation de tous les services (1). . fr. 3,446,545 00

Nous avons dit que la population de l'Asile de Bron s'élevait aujourd'hui à mille aliénés (sans parler d'un personnel
de fonctionnaires d'employés, avec leurs familles, de sur-
veillants et de surveillantes, s'élevant à environ cent personnes). Si donc on divise le total ci-dessus par le nombre des
aliénés, on trouve que chaque place a donné lieu à une
dépense de 3,464 fr. 86 c.

Si nous n'avons pas fait figurer dans les dépenses ci-dessus
le prix des trente-sept hectares de terrain formant le domaine
actuel de l'Asile, c'est que cette étendue, couverte en grande
partie par les bâtiments, cours, jardins, avenues, etc., n'a
pas paru suffisante à l'administration départementale pour
une population qu'elle a prévu devoir s'élever un jour à quinze
ou dix-huit cents aliénés, y compris les pensionnats dont elle
a décidé l'érection. Aussi le Conseil général vient-il de voter
l'acquisition de soixante-dix hectares environ de terrains entourant l'Asile au nord et à l'est, terrains dont les prix ne
sont pas encore fixés et qui formeront un vaste domaine de
cent sept hectares d'un seul tènement, qu'on peut évaluer
à environ 680,000 francs, et dont la culture sera faite par
les aliénés.

---

(1) Nous ne faisons pas figurer dans ce total les dépenses relatives aux plantations
et aux mouvements de terrains.

TRAVAUX PROJETÉS EN VUE DE L'AGRANDISSEMENT.

Nous avons dit plus haut que les quatre cents aliénés internés à l'Asile, en plus de la population de six cents, pour laquelle les bâtiments avaient été élevés, avaient été logés dans des locaux transformés en dortoirs provisoires. Pour rendre ces locaux à leur destination et désencombrer le quartier de l'infirmerie, le Conseil général a décidé qu'un grand pavillon serait ajouté au quartier des travailleurs, à la ferme des hommes et à celle des femmes. D'un autre côté, la commission d'études pour l'agrandissement de l'Asile, après avoir fait adopter la transformation en ateliers supplémentaires des locaux destinés aux remises et écuries, a décidé qu'en vue de l'exploitation des cent sept hectares de terrains dont allait se composer le domaine, il y aurait lieu de construire une vaste ferme, avec étables pour trente vaches, écuries pour dix chevaux, porcherie pour cent porcs, laiterie, poulaillers, étables à moutons, fenils, remises, etc., etc.; le tout complété par un abattoir. Ces derniers plans sont à l'étude, et leur exécution fera certainement de l'Asile de Bron l'un des établissements les plus vastes et les plus complets de France.

SERVICES INTÉRIEURS.

Les services intérieurs de l'Asile public d'Aliénés de Bron, divisés en deux parties, distinctes comprennent :

Le service administratif,
Et le service médical.

Le premier se compose :

1° D'un directeur, dont les pouvoirs et attributions sont déterminés par la loi du 30 juin 1838, l'ordonnance royale du 8 décembre 1839 et le règlement officiel du service intérieur des Asiles publics d'aliénés ;

2° D'un receveur économe, exclusivement chargé de la perception des revenus et du paiement de toutes les dépenses, ainsi que des services économiques.

Le personnel des bureaux de la direction se compose :

D'un secrétaire de la direction,
D'un commis,
D'un préposé aux écritures,

et d'auxiliaires choisis parmi les malades que leur état de santé et leur instruction permettent d'employer aux écritures.

Le personnel de la recette et de l'économat se compose :

D'un commis principal,
D'un second commis,

plus quelques auxiliaires pris parmi les malades susceptibles d'être employés aux écritures et à la comptabilité.

Le service médical est confié à deux médecins en chef, chargés :

L'un, du quartier des hommes,
L'autre, du quartier des femmes ;

Ayant sous leurs ordres :

1° Un médecin adjoint, chef des internes ;
2° Quatre élèves internes en médecine ;
3° Un pharmacien de première classe ;
4° Un interne en pharmacie.

Tout ce personnel est tenu à résider dans l'établissement.

Le service religieux est fait par un aumônier, résidant également dans l'Asile.

Trente-quatre religieuses,
Et trente infirmiers,

placés sous l'autorité des médecins, pour tout ce qui concerne le service médical, et ayant à leur tête :

Une surveillante
Et un surveillant }   en chef

s'occupent d'une façon continue des malades répartis dans les divisions qui sont au nombre de sept pour chaque quartier, non compris les cellules d'isolement.

A côté de ce personnel, spécialement attaché au service des malades de l'Asile, il en existe un autre placé sous l'autorité et la surveillance du directeur et de l'économe, qui est chargé d'assurer les services économiques intérieurs.

Ce personnel comprend :

  1° Un chauffeur mécanicien ;
  2° Un dépensier ;
  3° Un chef boulanger et deux boulangers ;
  4° Un cuisinier en chef ;
  5° Un second cuisinier ;
  6° Un maître tailleur ;
  7° Un chef de culture ;
  8° Un jardinier en chef ;
  9° Un jardinier en second ;
10° Un cocher ;
11° Un charretier ;
12° Un vacher.

Le service postal est fait deux fois par jour, par le vaguemestre de l'établissement.

Le transport des malades s'effectue au moyen de l'omnibus de l'Asile.

Toutes les heures, à partir de sept heures du matin, et jusqu'à sept heures du soir, un omnibus, partant de Lyon, dépose à la grille même de l'Asile les personnes que leurs affaires ou l'intérêt des malades y appellent.

———

PENSIONNATS PROJETÉS.

Les plans dressés par M. Louvier, architecte du département, en vue de la construction d'un double pensionnat à annexer à l'Asile actuel, ont été rédigés après l'examen et l'approbation d'un avant-projet établi par lui sur le programme dressé par la commission d'étude. Ce programme, qui ne fixait d'abord qu'à cent le nombre des aliénés de chaque sexe, les a portés à cent vingt-huit pendant le cours des études qui étaient soumises à ces messieurs, au fur et à mesure de leur rédaction. Les pensionnaires devaient être divisés en première, deuxième et troisième classes, sans parler de quelques pensionnaires hors classe pour lesquels deux ou trois pavillons particuliers pourraient être élevés dans le parc. Il spécifiait en même temps que les dispositions des bâtiments seraient les mêmes pour chaque sexe, les aménagements intérieurs devant seuls être différents. Il portait enfin que chaque bâtiment serait affecté non à telle ou telle classe, mais à telle catégorie de malades, lesquels seraient logés et traités dans leur quartier commun, en raison de la classe à laquelle ils appartenaient.

Les deux masses de terrains situées à droite et à gauche de l'avenue de l'Asile se prêtent d'autant mieux à l'établissement des pensionnats projetés, que leur voisinage de l'entrée principale de l'Asile permet de rendre cette entrée et la surveillance qui s'y exerce, communes à l'Asile et aux pensionnats ; nous ajouterons que tout autre emplacement obligerait à les éloigner beaucoup de la chapelle et des services généraux.

Le plan général présente à droite le pensionnat des hommes, à rez-de-chaussée, à gauche celui des femmes au premier étage. Les dispositions des bâtiments étant identiques pour chaque sexe, on peut donc attribuer indifféremment à l'un ou à l'autre les distributions du rez-de-chaussée et celles du premier étage.

En face du portail d'entrée se trouve le pavillon de la conciergerie, avec une petite loge et une cellule de dépôt ; à gauche, un bâtiment élevé comme le pavillon, d'un rez-de-chaussée seulement, est affecté aux parloirs, à des magasins de matériel, à la cuisine et à ses dépendances.

Le pavillon d'entrée donne accès à une vaste cour entourée de galeries couvertes et desservant les différents quartiers dont chacun occupe un bâtiment particulier.

Épileptiques. — A droite et à l'extrémité de la galerie se trouve l'entrée du quartier des épileptiques, au nombre de seize, dont deux pensionnaires de première classe, quatre de deuxième classe et dix de troisième classe.

Le rez-de-chaussée est occupé par un vestibule auquel aboutit la galerie d'entrée, par un salon commun aux trois classes, par trois salles à manger, dont une pour chaque classe, et par un petit dortoir de deuxième classe accompagné d'une chambre de gardien.

Au premier étage sont : un vestibule avec lavabos, deux chambres de première classe avec leurs cabinets à toilette, deux dortoirs de troisième classe avec leurs chambres de gardien et une chambre d'isolement. Ce premier étage ne s'élève que sur une partie du bâtiment.

Tranquilles. — Le bâtiment principal, placé au milieu du côté droit de la grande cour, est destiné à la population la plus nombreuse, celle des tranquilles, au nombre de soixante-six, dont quatorze de première classe (nombre qui pourrait être diminué), dix-sept de deuxième classe et trente-six de troisième classe.

On trouve au rez-de-chaussée un grand vestibule avec galerie, un grand salon commun aux trois classes, un salon de musique, une salle d'études avec bibliothèque, une salle de billard, une salle de travaux manuels servant aussi de fumoir, un salon et une salle à manger spéciaux à la première classe, une salle à manger pour la deuxième classe et une autre plus grande pour la troisième classe, un cabinet pour le médecin, des dépôts, offices et lavabos.

Au premier étage, la galerie centrale, éclairée par chaque extrémité, dessert : dans l'aile gauche six chambres de première classe, dont quatre munies de cabinets à toilette, juxtaposés aux chambres des gardiens, qui peuvent surveiller les malades dans leur chambre à coucher comme dans leur cabinet ; dans l'aile droite et le pavillon central, trois dortoirs pour pensionnaires de deuxième classe avec six lits, au maximum, par dortoir ; dans le pavillon de droite, un dortoir pour pensionnaires de troisième classe. A tous ces dortoirs sont juxtaposées des chambres de gardien. Les pavillons contiennent en outre des lavabos, des vestiaires, lingeries et dépôts divers.

Le deuxième étage est encore affecté, dans son aile gauche, à des chambres de pensionnaires de première classe (de deuxième au besoin) ; l'aile droite et le pavillon central sont occupés par quatre dortoirs de pensionnaires de troisième classe, avec huit lits au maximum ; à chacun d'eux sont juxtaposées des chambres de gardien. Les lavabos, les lingeries et les dépôts divers sont disposés dans cet étage de la même manière qu'à l'étage inférieur.

Des greniers praticables et suffisamment clos pour pouvoir en faire des dépôts de meubles, de literie, etc., sont établis au-dessus des trois pavillons, et motivent ainsi le surhaussement de leur toiture.

Agitables. — Les dispositions de ce quartier sont à peu près les mêmes que celles du quartier des épileptiques, avec cette différence, qu'en raison de sa population plus nombreuse (vingt-deux pensionnaires), le premier étage s'étend sur la totalité du bâtiment.

Le rez-de-chaussée comprend, en outre du vestibule et des galeries, un salon et une salle à manger pour deux pensionnaires de première classe ; les deux chambres de ceux-ci avec leurs cabinets de toilette, et une chambre de gardien, plus une chambre d'isolement. L'aile gauche est occupée par un salon et une salle à manger communs aux pensionnaires de deuxième et de troisième classe.

Le premier étage est entièrement occupé par les dortoirs de deuxième et de troisième classe, avec chambres d'isolement et de gardiens en assez grand nombre, en raison de l'état habituel d'agitation des malades de ce quartier. Des lavabos sont disposés dans un grand vestibule donnant accès aux trois dortoirs.

Imfirmerie. — Les infirmes, au nombre de vingt-quatre, exigent, en raison de leur faiblesse, un certain nombre de chambres et de dortoirs au rez-de-chaussée ; aussi celui de ce bâtiment a-t-il dû être disposé sur une étendue bien plus grande qu'aux autres quartiers. Celui-ci contient un vestibule et une galerie desservant un salon commun aux trois classes ; une salle à manger spéciale à la première classe, une autre commune à la deuxième et à la troisième classe. Ces salles sont accompagnées d'offices et de relaverie. Tous ces locaux ne s'élèvent qu'à la hauteur du rez-de-chaussée. D'autres locaux s'élevant sur la façade principale sont affectés aux deux chambres de pensionnaires de première classe, accompagnées de leurs cabinets de toilette et de leurs chambres de gardien, et aux deux dortoirs des pensionnaires de deuxième classe, dortoirs ne contenant que cinq lits chacun.

Au premier étage le vestibule et la galerie desservent des dortoirs-infirmeries de deux classes et deux chambres de malades pour les pensionnaires de première classe, un cabinet de bains, un dépôt et une tisannerie.

Balnéation et hydrothérapie. — Bien que des galeries couvertes doivent être établies pour permettre aux pensionnaires de se rendre à la chapelle et aux services généraux, on a pensé que ceux qui auraient besoin de bains et de douches fréquentes ne pourraient, sans danger pour leur santé, se rendre au quartier des bains de l'Asile, surtout pendant la mauvaise saison. Ce quartier, d'ailleurs, qui n'a été établi que pour six cents malades, suffirait à peine aux besoins de la population qui est presque et qui sera bientôt doublée. Il a donc paru prudent de prévoir pour chaque pensionnat un quartier de balnéation et d'hydrothérapie.

Ce service est installé dans un pavillon situé au milieu du côté gauche de la cour centrale, il se compose d'une salle d'attente, de deux salles de bains, d'une salle d'hydrothérapie avec déshabilloir et chambre de repos, d'une salle de bains de pied, de deux cabinets de bains sulfureux, de deux cabinets particuliers, le tout demandé par le programme ; un cabinet d'aisance et des locaux pour un calorifère et le générateur de vapeur complètent ce pavillon qui est en partie surmonté d'un entresol affecté à un séchoir et aux réservoirs des douches.

Cellules d'agités. — Les cellules d'agités établies dans l'Asile actuel, au nombre de quatorze pour chaque sexe, avaient semblé d'abord devoir être communes à l'Asile et aux pensionnats ; mais l'accroissement subit de la population de l'Asile a fait reconnaître la nécessité d'établir dans chaque pensionnat un petit pavillon d'agités renfermant quatre cellules précédées d'un vestibule et accompagnées de deux préaux. Les cellules seront éclairées par une ouverture ménagée dans le plafond, et que le gardien ouvrira ou fermera à volonté, en montant dans un petit entre-sol pratiqué au-dessus de celles-ci. Un volet plein glissant sur des coulisseaux permettra de les plonger au besoin dans une complète obscurité, lorsque la surrexcitation des malades l'exigera.

Promenoirs couverts, galeries de communication. — Chaque quartier est muni d'un promenoir couvert. Le quartier des tranquilles en a deux ; celui des infirmes aura le sien exposé au midi. Les points d'appui seront formés de colonnettes de fonte creuse ainsi que ceux des galeries couvertes, entourant la cour principale. Sur trois points seulement, c'est-à-dire au pavillon d'entrée, au quartier des tranquilles et au quartier des bains, la partie de galerie formant porche au-devant desdits bâtiments aura ses piliers en pierre.

Cabinets d'aisance. — Le programme exigeant que les cabinets d'aisance fussent placés à l'extérieur et loin des bâtiments, on les a disposés à l'extrémité de chaque promenoir couvert. Toutefois il a été ménagé dans chaque quartier un dépôt de siéges inodores mobiles pour la nuit.

Pensionnaires hors classe. — Des pavillons ont été ménagés dans le parc pour des pensionnaires exceptionnels et qui pouvant payer un prix de pension très-élevé, auront leur habitation et leurs service particuliers. Le pavillon affecté à un seul pensionnaire se compose d'un vestibule, d'un salon servant de salle à manger, d'une chambre à coucher avec chambre de gardien à proximité, d'un cabinet d'aisance et d'un cabinet de toilette.

Les pavillons destinés à deux pensionnaires ont une salle et un vestibule communs, deux chambres à coucher parti-

culières avec leurs cabinets de toilette et leurs cabinets d'aisance. Le vestibule est assez grand pour servir de chambre
au gardien, dont le lit se relèvera et se fermera pendant le
jour, et qui pourra surveiller simultanément les deux pensionnaires confiés à sa garde.

Jardins particuliers et parc. — Chaque quartier aura son
jardin particulier entouré de sauts-de-loup, avec murs dans
le fond, qui permettront à la vue de s'étendre sur les om-
brages et les pelouses du parc, tout en ôtant au pensionnaire la possibilité de quitter son quartier. Le parc lui-même
pourra à certains jours être mis à la disposition des malades.
A cet effet, des passerelles avec barrières ont été ménagées
sur les sauts-de-loup, faisant communiquer ainsi le parc avec
chacun des quartiers de pensionnaires : un pavillon de jeux,
un gymnase, des espaces ménagés pour les jeux de boule et
de croket, des serres pour la culture des fleurs ; tout sera
prévu pour adoucir autant que possible la triste situation de
ces malheureux qui , ayant souvent de longs moments
lucides, n'en ressentent que plus douloureusement leur réclu-
sion et leur séparation d'avec leur famille.

ÉVALUATION DES TRAVAUX.

Les travaux seront exécutés dans des conditions analogues
à celles qui ont été décrites pour l'Asile exécuté ; mais avec un
peu plus de recherche et de confort. Les appartements destinés aux pensionnaires de première classe, notamment, seront
agencés avec tout le soin qu'on porte ordinairement dans les
habitations de la classe fortunée. La plupart des salles de
rez-de-chaussée seront établies sur cave, et celles qui en seront
dépourvues seront établies sur un sol formé de matières
sèches qui en excluent l'humidité.

Les mouvements considérables de terrain à exécuter par les aliénés de l'Asile, seront faits de façon à tenir le rez-de-chaussée des bâtiments et de la cour principale à une hauteur d'environ deux mètres au-dessus des terrains du parc.

Le devis récapitule les travaux ainsi qu'il suit, pour les deux pensionnats.

Maçonnerie et pierres de taille. . . . . fr.	1,124,500
Charpente	238,800
Menuiserie.	216,600
Plâtrerie, peinture, vitrerie.	142,500
Serrurerie et gros fers.	118,800
Zinguerie, plomberie	46,100
Fournitures en régie	19,900
	1,907,200
Frais de direction et agence des travaux.	95,360
Total. . . . fr.	2,002,560

La distribution des eaux, les calorifères, l'éclairage et le mobilier feront l'objet de devis spéciaux à dresser ultérieurement.

www.ingramcontent.com/pod-product-compliance
Lightning Source LLC
Chambersburg PA
CBHW061331050726
47595CB00005B/1877